Нэтта Би

Не Модель

или

Как перестать считать себя уродиной

Нэтта Би. Как перестать считать себя уродиной.

Оглавление

Неидеальная

Будильник зазвонил так резко, что я подскочила на кровати, а сердце в груди заколотилось, готовое выпрыгнуть. Как не хочется вставать! Серое небо за окном только укрепило меня в желании оставаться в постели. Но для того, чтобы поддаться ему, нужно было бы родиться в семье какого-нибудь миллиардера, где целый штат прислуги – обычное дело. А тем, кому не посчастливилось стать отпрыском богатого рода, или, на худой конец выйти замуж за богача, остаётся стиснуть зубы и отправиться на встречу новому дню, в котором тебя ожидает не очень увлекательная, наполненная рутиной жизнь простого служащего.

Я медленно села и с трудом открыла глаза. Отражение в зеркале на стене только усугубило дурное настроение. Ну почему? Почему у кого-то роскошная шевелюра, а не тонкие торчащие в разные стороны волосы, не реагирующие на тонну масок и бальзамов, которыми я балую их ежедневно? Почему у кого-то чистая гладкая кожа, а не покрытая веснушками, с неровностями и покраснениями? Почему у кого-то огромные глаза чистейшего голубого цвета? Почему, когда Бог наделял всех красотой, я отлучилась, и мне досталась то, что не забрали другие?

Для меня, как и для большинства обычных женщин, внешность всегда была камнем преткновения. Я никогда не была удовлетворена собой, мне казалось, что окружающие гораздо симпатичнее.

И даже уверения друзей и знакомых что я «очень даже ничего», не могли переубедить меня в собственной некрасивости. Мнение окружающих разбивалось о созданный мной идеал женщины, которой мне следовало бы быть. Он жил в моей голове всю жизнь, с того момента, как я стала понимать, что значит «красиво» и «некрасиво». Красиво – когда длинные худые ноги, тонкая талия и большая грудь. Некрасиво – когда ноги средней длины, без вожделенного промежутка между бёдрами, когда талия не вписывается в установленные 90-60-90, а грудь не дотягивает до второго размера. Ещё красиво, когда – большие глаза, пухлые губы, идеально гладкая, бархатистая кожа и длинные густые ресницы. Всё остальное – некрасиво.

И как жить, если всё, чем наделила тебя природа, подходит под твоё же собственное описание «некрасивого»? Разве можно с этим смириться? Каждый раз, становясь перед зеркалом, ты видишь не умопомрачительную красотку из собственных грёз, а самую обычную, неидеальную, никакую. И самое обидное, что такой красоткой тебе никогда не стать, сколько не старайся - с природой и генами не поспоришь. Можно, конечно, попытать счастья и отдаться на милость пластического хирурга, но, как показывает практика, не всегда результат бывает таким, как ожидалось. Да и удовольствие это не всем по карману. А, кроме того, сколько же всего придётся в себя менять, чтобы стать такой, как ты мечтаешь? Ну, исправишь лицо, а как быть с ногами и талией? В общем — не мой вариант, тем более, что я падаю в обморок от одного только вида шприца в процедурном кабинете, а тут нужно добровольно лечь под нож.

Вот так и живёшь изо дня в день с ощущением собственной ущербности. Проходишь мимо ярких баннеров с идеальными длинноногими красотками и привычно думаешь: «Ну почему?» Или заглянешь в глянцевый журнал, а оттуда на тебя смотрят неземные создания с тонкой талией и большой грудью — как раз такой, как ты хотела. И снова из груди рвётся крик: «Ну, почему?» Как же несправедлив мир! Кому-то и ноги, и глаза, и волосы, а кому-то ни того ни другого!

Я с раздражением отвернулась от зеркала и поднялась. Нужно приводить себя, неидеальную, в порядок и отправляться на работу.

Автобус был набит битком, сзади напирали и мне пришлось практически лечь на стоящего передо мной пожилого господина в старомодной шляпе с широкими краями. Сначала он мужественно выдерживал давление, производимое мной и ещё десятком других пассажиров, но затем не выдержал и обернулся.

- Извините, - смущённо пробормотала я, стараясь удержаться на ногах. Но тут автобус резко дёрнулся, и я снова завалилась на старичка в шляпе.

- Ничего, усмехнулся он, - такой красивой барышне всё позволено.

- Вы мне льстите, - возразила я и перед моим мысленным взором встала та, с которой я не выдерживала никакого сравнения — идеальная женщина.

- Конечно, красивой, - улыбнулся старичок. — А то, что вы, барышня, имеете в своей голове — так это ваши личные фантазии. Выкиньте их из головы и живите счастливо.

Он вышел через несколько остановок, улыбнувшись мне напоследок, а я никак не могла забыть его слова. Мои фантазии? Выкинуть из головы «идеальную женщину»? Разве это возможно? А если всё-таки попробовать и после этого «жить счастливо», как и посоветовал мне случайный попутчик?

Кто виноват?

Большинство женщин, также, как и я, имеют своё собственное представление о том, как они выглядят. И очень часто это представление далеко от реальности. Редко кто считает свою внешность идеальной, а миллионы клиенток клиник пластической медицины лишний раз доказывают, что представительницы прекрасного пола готовы активно бороться с собственным несовершенством. При этом, на улице встречаются сотни по-настоящему красивых женщин, которых, в отличие от вас, природа щедро одарила всем необходимым. Каково же будет ваше удивление, если, обратившись к любой из них, вы получите честный ответ – они тоже считают себя некрасивыми. Удивительно! Ни отражение в зеркале, ни заверения окружающих, ни бесконечные мужские комплименты не способны исправить ситуацию. Почему? В чём проблема?

Всё просто – причины такого категорического неприятия себя нужно поискать не снаружи, а внутри. Да, да, внутри себя. Именно там укоренилась и много лет живёт мысль: «Я некрасива».

Откуда она там появилась? Может быть, кто-то специально подсадил её в женский мозг, чтобы мы потом всю жизнь не могли найти себе места и жили с ощущением собственной неполноценности?

Действительно, рождению этой мысли в какой-то степени посодействовали окружающие. Но лишь самую малость. Во всём остальном женщина сама способствует тому, что это убеждение крепнет год от года. Она постоянно выискивает десятки подтверждений собственного несовершенства, бесконечно прокручивает их в голове, программируя себя на то, что она – самая настоящая уродина. И отражение в зеркале каждый раз это подтверждает.

Так уж устроен наш мозг – мы замечаем только то, на что обращено наше внимание. Если вы озабочены своими не очень ровными ногами, то именно их вы всегда будете видеть в первую очередь. Если недовольны цветом лица – не сомневайтесь: единственное, что вы будете замечать в зеркале – неровную, покрытую веснушками и пятнами кожу. И так до бесконечности.

Недостатки, недостатки, кругом одни недостатки. Чтобы их исправить, не хватит целой жизни. Вот и стремятся представительницы прекрасного пола побыстрее расстаться с тем, что их не устраивает. Но, поскольку борются они не со своим реальным образом, а с воображаемой собой, то и результат часто оказывается шокирующим.

Кто из нас не сталкивался с жертвами такой «переделки», когда очень милая, на наш взгляд, девушка превращалась в настоящего монстра с губами – варениками, накачанными скулами и бровями в пол-лица. Наверняка, вы задавались вопросом: «Зачем она это с собой сделала? Это же настоящее уродство!» А стала ли счастливее сама обладательница необъятных губ и широченных бровей? Весьма сомнительно. Ведь уже через некоторое время она снова найдёт в себе что-нибудь, что требует переделки. Например, грудь.

Как правило, это серьёзная проблема для всех женщин, стремящихся к идеалу. Складывается ощущение, что быть красивой без третьего размера груди просто нереально. Находятся и такие, кто готов увеличивать эту часть женского тела до такого объёма, что даже произнести эту цифру вслух страшно. Станет ли большая грудь залогом уверенности в себе? Совсем не обязательно. Посмотрите на сотни женщин и девушек с необъятным бюстом, выставляющих свои фотографии в сети. У меня возникает всё тот же вопрос: «Зачем?». Зачем превращать себя во фрика, безусловно, привлекающего к себе всеобщее внимание, но вряд ли заслуживающего всеобщее восхищение.

Всем нам давно набили оскомину слова о том, что в каждой женщине есть своя изюминка, и что некрасивых женщин не бывает. Повезло тем, кто сумел найти себя, не утонув в собственных комплексах. Такие женщины, какими бы неидеальными он не были, всегда воспринимаются окружающими как бесспорно красивые. Вот бы и нам - сотням тысяч самых обычных женщин, научиться любить себя такими, какими создала природа. Не пытаться бороться с недостатками, существующими только в наших головах.

Нет более тяжёлой работы, чем работа над собой. Но именно этим стоит заняться здесь и сейчас, если вы не хотите всю жизнь мучиться от собственной некрасивости. Немного усилий и жизнь изменится.

И первое, что нужно усвоить на пути к новой жизни — все мы разные. Самое глупое, на что следовало бы потратить свою жизнь — пытаться подогнать себя под некий общий стандарт. Откуда он взялся? Кто сказал, что я должна быть такого-то роста и такого-то веса, а мои параметры обязательно должны укладываться в установленные 90-60-90? Где тот цех, на котором производят запчасти для идеальных женщин и собирают из них супер-моделей, соответствующих установленным ГОСТам? Всё это — плод людского воображения, не более того.

Когда-то кто-то решил, что красивой может считаться только женщина с озвученным набором качеств. Почему он так решил – не столь важно, важно, что теперь мы мучаемся и пытаемся хоть как-то соответствовать, наживая себе невроз в погоне за несбыточной мечтой. Ну, сами подумайте, если ваши мама с папой наделили вас невысоким ростом и плотным телосложением, сумете ли вы достигнуть нужных параметров? Конечно, нет. Да этого и не нужно. Такая бессмысленная погоня за мифическим идеалом никогда не сделает из вас красивую женщину – это точно. Чтобы стать таковой нужно найти корень проблемы и устранить его. Давайте попробуем разобраться в себе и по возможности избавиться от всего, что мешает женщине раскрыть свою привлекательность. Вперёд за новой собой!

Корни уходят в детство

Детство – удивительное время, когда весь мир нам улыбается. Вспомните, когда ещё в жизни вы испытывали столько положительных эмоций, как в детстве? Каждый день нас ожидали новые открытия, заставляющие смотреть на мир широко распахнутыми глазами. Маленький ребёнок – центр любой семьи, а маленькая девочка – обязательно принцесса. Нарядные платьишки, смешные хвостики, большие банты – всё это атрибуты настоящей принцессы.

Каждая из нас помнит, как радовалась новому наряду и вертелась перед зеркалом, считая себя самой красивой на свете. Стоп. Вот же оно, это чувство, когда ты нисколько не сомневаешься в собственной неотразимости. Мы все его переживали. Куда же оно исчезло, и почему теперь, спустя много лет вместо: «Я самая красивая» мы думаем: «Я просто уродина» или что-то в этом роде? Когда произошёл сбой программы, и кто этому поспособствовал?

Дети – чистые создания, открытые для всего, что преподносит им мир. А, поскольку собственного опыта у них пока нет, они очень быстро впитывают чужой опыт и чужое мнение, принимая его как истину в последней инстанции.

Конечно, самым важным оказывается мнение собственных родителей. Взрослея ребёнок идёт в садик, а затем в школу и там сталкивается с мнением других взрослых и сверстников. И чем больше значит для него человек, тем более важным будет его мнение.

Но, вернёмся к тем счастливым дням, когда рядном с малышкой находятся самые близкие - мама и папа. Конечно, эти люди желают нам только добра и по-своему стремятся к тому, чтобы наша дальнейшая жизнь была безоблачной. Увы, далеко не все из них вооружены дипломом психолога, поэтому их действия не всегда бывают корректными с точки зрения развития гармоничного человека, а тем более женщины, уверенной в собственной неотразимости. Очень часто, заметив, что дочка обещает превратиться в настоящую красавицу, мама намеренно занижает её самооценку, обесценивая, или просто не замечая внешней привлекательности. Зачем растить надменную принцессу? Ей будет очень тяжело потом, во взрослой жизни.

Разумное зерно в этом есть, но, как показывает практика, большинство девочек, слышавшие в детстве критику близких, во взрослой жизни страдают комплексом неполноценности. И от него очень сложно избавиться. Не обязательно, чтобы критика лилась из уст родных постоянно. Достаточно всего несколько раз услышать оброненное вскользь: «Ты у меня пухленькая» или «Ну и попа у тебя», чтобы на всю оставшуюся жизнь принять себя как толстую корову с огромным задом. Маленькая девочка не может противиться мнению самых важных для неё людей и принимает его за единственно верное. Поэтому, хотелось бы посоветовать родителям маленькой принцессы быть очень осторожными в оценках. Не стоит приукрашивать данных природой достоинств, но те, что есть не лишним будет подчеркнуть, чтобы, став взрослой женщиной, малышка знала свои сильные стороны.

Ну, а как же быть нам, женщинам, которые в детстве слышали от своих родных, что недостаточно хороши? Может быть, это случилось в возрасте трёх лет, а может, когда вы были старше. Но, в любом случае, слова не могли остаться незамеченными. Возможно даже, мама или папа не говорили ничего такого лично, но обсуждали ваши недостатки между собой, а вы нечаянно подслушали их разговор. Именно в этот момент в вашей голове поселилась мысль о том, что с вами что-то не так.

Теперь, глядя на своё отражение, вы станете выискивать тот самый недостаток, о котором услышали. А может, и не один. Девочка растёт, а

вместе с ней растёт и зерно, случайно брошенное её родителями. По мере приобретения опыта, женщина находит всё больше подтверждений услышанному когда-то. И ей очень тяжело отказаться от того, что внушили ей в детстве.

Долой детские установки!

Что же делать? Неужели нет способа исправить ситуацию? Нет ничего невозможного, если вы решили твёрдо разобраться в своих детских установках. Для этого нужно совершить небольшое путешествие во времени. Да, не удивляйтесь.

Нужно вернуться в детство и обнаружить тот момент, когда вы впервые услышали от близких неприятные слова.

Как это сделать? Существует множество способов достучаться до своего подсознания, в котором хранится вся собранная за жизнь информация. Некоторые предпочитают обращаться к специалистам. Мне же удалось справиться с этим самостоятельно.

Лучше выбрать момент, когда никто не станет вас беспокоить. Удобно расположившись в кресле или на кровати, закройте глаза и представьте себя маленькой девочкой. Проживите самые яркие моменты своего детства. Вполне возможно, что с первого раза обнаружить ту самую фразу не получится. Но, не стоит прекращать попыток. Со временем вы

обязательно вспомните, как и что сказала ваша мама, что стало отправной точкой в вашей борьбе с самой собой. Некоторые женщины помнят этот момент настолько чётко, что им не нужно отправляться в прошлое. Но, несмотря на это, они так и не поняли, что же им делать с этим знанием.

Теперь, когда вы точно знаете, какое убеждение коренится в вас с детства, сделайте простую вещь – отпустите его из своей головы. Скажите себе (можете вслух): «Это – всего лишь мнение, не имеющее ничего общего с реальностью». Вы выросли и осознали - ваша мама ошибалась. Напомните себе, что она – обычный человек, а не Господь Бог. Теперь, каждый раз пытаясь обнаружить в себе навязанный мамой недостаток повторяйте: «Это всего лишь мнение одного человека, никак не влияющее на истинную картину мира» (можно придумать и что-нибудь попроще). Со временем вы перестанете воспринимать свои детские установки и сможете разглядеть себя настоящую.

Ещё одним способом бороться с детскими установками станет замена негативного родительского утверждения на ваше собственное, позитивное.

Например, если вы обнаружили, что именно мама внушила вам, что ваши ноги некрасивы, то, каждый раз, когда в голове возникает мысль о кривых ногах, повторяйте, что они у вас замечательные. Это может показаться глупым, но метод действительно работает. Ничто так не способствует формированию нашей отдельно взятой реальности, как многократно повторенное утверждение. Почему бы не воспользоваться этим методом для повышения собственной самооценки?

Влияние окружения

Даже если в детстве близким не удалось заложить вам в голову бомбу замедленного действия под названием «с моей внешностью что-то не так», не сомневайтесь — всегда найдутся те, кто постараются эту мысль внушить. Людям свойственно видеть недостатки в других, а главное, указывать на эти недостатки даже тогда, когда их об этом не просят.

Возможно, это имеет смысл в случае выполнения неких профессиональных обязанностей, что заставит работника сделать всё возможное, чтобы улучшить свои показатели. Но какой смысл критиковать чью-то внешность? Причём в открытую, глядя в глаза? Можно подумать, что, услышав ваши колкие замечания, обладательница маленького бюста или длинного носа тут же избавится от него.

Ещё одной причиной нашего недовольства собственной внешностью, помимо внушённых с детства установок, часто становится наше окружение.

Среди множества друзей и знакомых всегда есть люди, готовые назвать вам сто и один ваш недостаток, который не позволяет приблизится к идеалу.

Тут нужно напомнить, что мнение этих борцов за правду столь же субъективно, как и мнение ваших близких, сумевших некогда поколебать вашу спокойную гармонию, данную природой. Тем не менее, слова близкой подруги или хорошей знакомой могут быть весьма болезненными. А, выслушивая подобные замечания регулярно, развить стойкие комплексы не составит труда.

Была у меня одна подруга детства, назовём её М. Каждый раз, увидев на мне новое платье, или красивый бант М выдавала фразу: «Тебе не идёт». При этом она смотрела на меня чистыми, наивными глазами, в которых светилась единственное желание – помочь подруге не выглядеть хуже остальных. Я чувствовала себя ужасной уродиной, надевшей совершенно неуместный наряд.

Долгие годы я продолжала дружить с этой девочкой, не отдавая себе отчёт в том, что именно она – причина моей постоянной неуверенности в себе на всех школьных вечерах, да и в повседневной жизни. Нужно ли говорить, что, если рядом оказывался симпатичный одноклассник, и я расцветала от его внимания, подруга тут же опускала меня с небес на землю, уже одним своим присутствием напоминая, какая я некрасивая. Кто знает, как сложилась бы моя жизнь, если бы я до сих пор продолжала общаться с этим человеком. К счастью, наши пути разошлись после выпускного и постепенно общение сошло на нет.

На жизненном пути мне встречались и другие желающие повлиять на моё восприятие себя. Однако, теперь я была значительно старше и уже могла не поддаваться чужому мнению, хотя, учитывая уже сложившееся негативное отношение к собственной внешности, очень часто я находила подтверждение словам «доброжелателей». «А ведь они правы, - думала я, глядя в зеркало, - ноги у меня полноваты, и нос какой-то кривой». Такие «комплименты» сыплются на каждую из нас как из рога изобилия. Согласитесь, услышать добрые слова от сотрудников, приятелей и просто знакомых гораздо сложнее, чем критическое замечание. Особенно стараются те, кто просто вам завидует.

Большинство женщин в повседневной жизни постоянно сталкиваются с критикой собственной внешности. И сами того не осознавая, получают новый заряд к своим уже существующим комплексам.

Наш мозг с готовностью принимает
то, что регулярно слышат уши, и вот

Запомните: после слов милой женщины из офиса, брошенных во время перерыва на обед, ваша внешность не изменилась, изменилось лишь ваше отношение к себе.

Ещё больше меня возмущают мужчины, полагающие, что имеют право критиковать внешность своей подруги и переделывать её по собственному желанию. К сожалению, под влиянием чувств к любимому, женщины готовы идти на всё: меняться, отказаться от себя и стать одной из среднестатистических красоток. Я не психолог, и не берусь утверждать наверняка, но мне кажется, что так поступают те представительницы прекрасного пола, которые уже страдают от нелюбви к себе. В противном случае, зачем себя улучшать, если во мне и так всё прекрасно?

Держись подальше!

Совет в данной ситуации очевиден: смените окружение. Не стоит ждать, когда, благодаря стараниям окружающих, ваши небольшие комплексы станут настоящей проблемой. Как бы не было тяжело отказаться от старой подруги или любимого человека, нужно прекратить общение. По крайней мере до того момента, пока вы не осознаете, какой негатив исходит от него, и перестанете воспринимать критику как истину.

Именно так я поступила в случае с моей школьной подругой М. Сначала я скучала, потом стала замечать, что без этого человека чувствую себя намного лучше. Я перестала бояться не соответствовать ожиданиям другого человека. Теперь я не переживаю из-за того, что мне не подходит новое платье или мой макияж слишком вызывающий. Разглядывая своё отражение в зеркале, я стала замечать, что достоинств во мне не меньше, чем недостатков. Укрепиться в этой мысли мне помог мой мужчина, не устающий повторять какая я красивая.

Теперь я точно знаю: чтобы чувствовать себя красивой женщиной, не нужно общаться с теми, кто под лупой рассматривает ваши несовершенства. Следует окружать себя людьми, регулярно напоминающими вам о вашей привлекательности. Уже очень скоро вы почувствуете себя другим человеком! Постулат о том, что женщина любит ушами, никто не отменял. Так уж мы устроены – нам нужно СЛЫШАТЬ как мы красивы. Только тогда женщина расцветает по-настоящему.

И ещё один маленький совет. Если в вашем окружении пока нет тех, кто регулярно вас нахваливает – делайте это сами. Называйте это как хотите: «аффирмациями», «аутотренигом» и т.п., главное – говорите себе комплименты. Делать это можно, стоя перед зеркалом, сидя в транспорте, прогуливаясь, или занимаясь домашними делами. Проверено на себе: повторенное несколько раз в день утверждение: «Я очень симпатичная» увеличивает привлекательность в собственных глазах на 50%. Вы можете говорить о себе в общем, или рассматривать каждое своё достоинство отдельно: например, роскошную шевелюру или стройные ноги. Ваш мозг с удовольствием «проглотит» наживку, и уже через некоторое время появятся первые результаты. Вы начнёте замечать в себе не недостатки, а достоинства – а это прямой путь к тому, чтобы почувствовать себя красивой женщиной.

О стереотипах

Вы не замечали, что часто после просмотра глянцевых журналов портится настроение? Падает до нуля. Очень долго я не могла понять, почему. Ведь эти издания созданы для того, чтобы мы, среднестатистические женщины, соприкоснулись с красивой стороной жизни. На гладких страницах из дорогой бумаги можно обнаружить последние новинки косметической промышленности, роскошную одежду, дорогие машины и шикарных женщин. Стоп. Шикарные женщины в глянцевых журналах – вот, что снижает мою самооценку. Они настолько красивы, что пережить это обычной, неидеальной представительнице прекрасного пола очень тяжело.

Долгое время я с маниакальной настойчивостью продолжала покупать журналы и завидовать чёрной завистью красоткам на развороте, пока не поняла – это худшее, что я могу сделать для себя. Мне никогда не стать такой роскошной, зачем же каждый раз бередить рану? И я приняла единственно правильное решение – перестала тратить деньги на то, что делает меня несчастной. Уже через неделю такого добровольного отказа от печатной красоты я почувствовала себя намного лучше. Перестав постоянно сравнивать себя с нереальными красотками, я стала меньше внимания уделять собственным недостаткам. Журналы исчезли из моей жизни навсегда.

Однако, решить проблему оказалось не так просто. Каждый раз отправляясь на улицу, или в большой торговый центр, я рисковала встретиться с другими красотками — на больших рекламных растяжках и баннерах. И они ничуть не уступали красоткам в журналах - такие же длинноногие, большегрудые и большеглазые. Как тут не расстраиваться? Они глядели на меня с презрительной улыбкой, как бы намекая на то, что мне никогда не попасть на такой вот рекламный баннер. Нужно ли говорить, что все мои негативные мысли относительно собственного несовершенства снова поселились в голове?

Телевизионные передачи и реклама только подливали масла в огонь. Каждый вечер умопомрачительно роскошные женщины надменно смотрели на меня с телевизионного экрана, а я понимала, что легче выпить яду, чем хоть немного приблизиться к этим небожительницам. Расправляться с телевизором я не стала — вещь дорогая, да и родные не одобрят. Можно, конечно, отказаться от него также, как я отказалась от журналов. Но кроме роскошных женщин по телевизору демонстрируют и весьма полезные передачи. Что же делать?

Решать проблему нужно было срочно, и в голову мне пришла мысль. Прежде всего, нужно разобраться, почему я так болезненно реагирую на девушек в телевизоре или в глянцевом журнале? Ответ лежал на поверхности – я заведомо считаю их красивее. Но если копнуть глубже – это не моё мнение, а навязанный мне стереотип. Разве не так? Точно также, как в детстве мне твердили о неведомых мне недостатках, или настойчиво навязывали мне их во взрослой жизни, теперь мне предлагается соответствовать существующему стандарту. Это не что иное, как манипуляция сознанием, на которую ведётся большая часть представительниц прекрасного пола. Можно плыть по течению и без особого успеха пытаться соответствовать нереальному идеалу, или принять себя такой, какая ты есть, как бы банально это не звучало.

Разрушаем стереотипы

Бороться со стереотипами довольно сложно. Созданный на экране или в журнале образ считается общепризнанным идеалом красоты и ориентиром, на который следует равняться всем женщинам вне зависимости от генетических особенностей, комплекции и т.д. Иногда борьба идёт не на жизнь, а на смерть, и мы знаем десятки печальных историй с плохим концом, когда женщины жертвовали здоровьем и жизнью ради того, чтобы стать похожими на тех, кто красуется в рекламе и по телевизору. Стремиться быть «такой как надо» самое безнадёжное занятие.

Эталоны красоты менялись на протяжении всей долгой истории человечества.

В Средние Века ценились женщины с плоской грудью, и эту часть женского тела утягивали корсетами. Затем пошла мода на пышнотелых, а дамы стали подкладывать себе подушечки, чтобы соответствовать идеалу. Прошло ещё немного времени, и на пьедестал поднялись девушки с мальчишеской фигурой и т.д. Сегодня в моде такие, завтра будут другие, и ни одна женщина не сможет угнаться за изменчивой модой.

Возможно ли не идти на поводу у стереотипов? Конечно, возможно. Почему бы не придумать свой собственный идеал красоты? Да такой, чтобы ваши параметры идеально в него вписывались. Пусть в вашей собственной вселенной ценятся, например, невысокие женщины средней комплекции с параметрами 95-76-105. Кто может вам это запретить? Сегодня всё чаще звучит мнение о том, что каждый человек сам формирует свою реальность. Я предлагаю начать с формирования собственного стереотипа о женской красоте. Конечно, это не значит, что женщина не должна стремиться совершенствоваться, но лишь в том объёме, в котором это возможно в силу данных природой качеств. Только трезво оценив свои особенности, мы можем задать себе идеал и стремиться к нему без опасения навредить себе.

Более того, со временем можно менять свой стандарт красоты. И это будет правильным, учитывая, что сами мы меняемся под влиянием возраста и обстоятельств. Преимущества такого «резинового стандарта» очевидны. Он учитывает индивидуальность каждой из нас и не требует прыгать выше головы. Признаюсь, я сама уже несколько раз меняла свой стандарт, каждый раз записывая «идеальные» параметры в специальный блокнот. Я могу заявить с уверенностью, что многие признанные красавицы совсем не красавицы согласно правилам моего мира. И эта мысль согревает меня каждый раз, когда я прохожу мимо очередного рекламного баннера или смотрю телевизор.

Не ленись!

Теперь, когда мы разобрались в основных психологических моментах, заставляющих женщин чувствовать себя некрасивыми, стоит задуматься об улучшении себя. Выше я говорила, что заниматься этим стоит строго в соответствии с собственными стандартами красоты. Возможно, некоторым представительницам прекрасного пола вполне комфортно в своём нынешнем виде. Но, полагаю, что большинство из нас стремится максимально улучшить свою внешность.

На мой взгляд, самыми лучшим способом поддержать красоту и добиться совершенных форм является физическая нагрузка.

И это первое, чем стоит заняться, если вы считаете своё тело неидеальным. Спорт делает нас не только красивыми, но и здоровыми, а тренированное тело выглядит намного привлекательное, чем то, которое не знало физических упражнений. Радует, что сегодня быть спортивной модно. Это позволяет добавить баллы к собственной привлекательности.

Я против того, чтобы изводить себя часами в фитнес клубе. От спорта, как и от любого другого занятия, нужно получать удовольствие. Только в этом случае он пойдёт на пользу. Поскольку все мы разные, то и уровень наших физических возможностей различается. Кто-то предпочитает утренние пробежки по парку и не выносит упражнений на тренажёрах. Я, например, ненавижу бегать. Это просто не моё. Мне легче сходить на групповую тренировку, чем наматывать круги на беговой дорожке.

Когда-то я старалась строго следовать рекомендациям специалистов, и, если они заявляли, что бег-лучший способ похудеть, я заставляла себя бегать по утрам. Стоит ли говорить, что удовольствие от таких занятий стремилось к нулю? Сегодня мой девиз таков: «Делай то, что приносит тебе удовольствие, но делай это хорошо – и результат не заставит себя ждать». Не можешь бегать – ходи, не хочешь тягать железо в тренажёрном зале – займись йогой или растяжкой. Что бы мы не делали ради своего тела, оно обязательно отблагодарит. И наоборот, если мы перестанем обращать на себя внимание, то очень скоро станем необъятными толстухами с дряблой кожей. Я не встречала ни одной женщины, которая оставалась бы привлекательной, ни прилагая для этого никаких усилий.

То же самое можно сказать и об уходе за лицом. Начинать, как советуют косметологи, следует не позднее двадцати пяти лет. Хотя, минимальный уход за кожей лица необходим и совсем молоденьким девушкам. Со временем придётся прилагать всё больше усилий для того, чтобы оставаться молодой и красивой.

В наше время есть отличные методики, позволяющие отодвинуть возраст лет на десять. И это не обязательно пластическая хирургия. Любой косметический кабинет готов предложить представительницам прекрасного пола десятки эффективных процедур ухода за собой с разным ценником. Не нужно быть женой миллионера, чтобы позволить их себе хотя бы несколько раз в год. А что делать, если в данный момент денег на косметолога нет? Совсем? Продолжать делать то, что возможно в домашних условиях. Пилинги, крема, маски – без этого не обойтись.

Есть у меня знакомая, которая в юности была настоящей красоткой: правильные черты лица, роскошные волосы, стройная фигура. Все мальчики были от неё без ума, а все девочки завидовали щедрости, с которой отдарила её природа. Не виделись мы лет пятнадцать, и вот недавно на улице меня кто-то окликнул. Я долго вглядывалась в полную женщину с обвисшим лицом, не знавшим элементарного ухода. И вдруг меня осенило: «Да ведь это же N! Как беспощадно время! В кого оно превратило эту красивую девочку!»

Я молча слушала её рассказ о детях и муже и повторяла про себя, что никогда не стану такой - я не хочу! На следующий день я провела в зале не один, а два часа, а вечером сделала омолаживающую маску с коллагеном. Возможно, каждой из нас нужно иметь перед собой такой пример, подтверждающий, что без работы над собой даже самые красивые девушки со временем превращаются в страшных тёток. Готовы ли вы стать одной из них? Я — точно нет. И буду делать всё, чтобы умереть молодой и красивой.

Хочется напомнить многим женщинам о роли декоративной косметики. Уверяю вас, она создана не для того, чтобы отнимать у нас время, а для того, чтобы немножко улучшить внешний вид. Я против многотонной штукатурки на лице, но пудра, помада и тушь необходимы каждой представительнице прекрасного пола. Увы, жизнь современной женщины не способствует появлению здорового румянца на щеках. Мы мало спим, много нервничаем и плохо питаемся. Но разве обязательно, чтобы всё это можно было прочитать по лицу? Кому это интересно? Окружающим гораздо приятнее общаться с той, у которой ровная кожа, а синева под глазами скрыта корректором.

Особенно меня удивляют те женщины, которые перестают прибегать к помощи декоративной косметике, отметив своё сорокалетие. Лет в двадцать, она красилась так, что узнать её под сложным макияжем было невозможно, а в сорок решила: хватит, я и так красивая! Как раз тогда, когда следы возраста стали проявляться, и их не мешало бы скрыть. По-моему, это глупо. Возможно, в зеркале вы продолжаете лицезреть себя молодой и юной, но окружающие видят совсем другую картинку.

Я задаюсь вопросом, почему женщины перестают следить за собой? Почему полнеют, забрасывают подальше косметику, не ухаживают за кожей? Что виной тому, усталость? В какой-то степени, это так. Но в большей степени это - лень. Они перестают делать это потому, что им лень подняться пораньше, чтобы пробежаться в парке, лень потратить 15 минут на макияж, лень нанести на лицо маску. Зачем? Пусть меня любя такой, какая я есть. И при этом, редкая женщина довольна своей внешностью. Но если ты не доволен — сделай что-нибудь, чтобы это изменить. Если недостатки на лицо — можно регулярно внушать себе, какая ты красавица, но мы-то знаем, что это не так. Себя не обманешь.

Легче всего плюнуть на себя и продолжать с завистью рассматривать фото стройных красоток в журналах, а вот кардинально изменить свою жизнь намного сложнее. Поэтому большого уважения заслуживают женщины, сумевшие превратиться из гадких утят в прекрасных лебедей. Их силе воли можно только позавидовать. Своим примером они доказывают, что нет ничего невозможного, если ты действительно этого хочешь.

Как перестать считать себя уродиной?

Есть смешное выражение: «не бывает некрасивых женщин, бывает мало алкоголя». На самом деле не бывает некрасивых женщин, бывают женщины неуверенные в себе и женщины, махнувшие на себя рукой. Часто одно связано с другим. Когда некрасивой себя чувствует девушка, очень привлекательная с точки зрения окружающих – это комплексы, а когда женщина объективно не вызывает симпатии – это лень. Исправить ситуацию под силу каждой из нас.

Не нужно быть большим специалистом в области психологии, чтобы утверждать: красивые женщины любят себя, довольны своей внешностью и не стремятся быть похожими на других. Но таких представительниц прекрасного пола совсем не много. Даже очень привлекательные внешне женщины периодически испытывают чувство неуверенности в себе. И часто им в этом помогают, о чём мы говорили выше. Поэтому, прежде, чем ступать на путь улучшения себя и своей жизни, следует разобраться со внутренними «тараканами». Напомню, что краткий путеводитель в мир красоты и душевного равновесия состоит из нескольких важных шагов.

- Изменение детских установок. Если негативное отношение к себе внушили в детстве – следует удалить эту установку из своего подсознания. Мы - взрослые люди, способные контролировать свои мысли, разве нет? Зачем каждый раз повторять про себя то, что говорила мама, когда можно заменить это утверждение на другое, подчёркивающие достоинства, а не недостатки?

- Анализ окружения и отказ от общения с теми, кто несёт негатив. Люди, постоянно критикующие вашу внешность, должны быть удалены из близкого круга. Найдите себе подруг и знакомых, которые готовы говорить комплименты и поддерживать. И тогда в вашем восприятии себя произойдут разительные перемены.

- Отказ от стереотипов. На следующем этапе придётся вступить в схватку с навязываемыми нам стереотипами красоты. Как это сделать каждый решает самостоятельно. Я предпочитаю создавать свои собственные параметры идеальной женщины, как уже говорила выше. У каждой из нас должен быть свой собственный способ того, как не попадаться на удочку маркетологов и прочих специалистов, стремящихся загнать всех под один шаблон.

Меня вообще раздражает стремление кого бы то ни было сделать из нас этакое стадо, где все как один. В такие моменты следует сказать себе, что я – не все, и отойти в сторону. Почему я должна превратить губы в огромные вареники только потому, что так делают все? Это полный бред. Я – это я, а все остальные – это все остальные.

В детстве, когда, сделав какую-нибудь глупость, я объясняла маме что «все так делали», меня неизменно спрашивали: «А если все прыгнут с крыши, ты тоже прыгнешь?» По-моему, отличное сравнение. Если все «прыгают с крыши», совершая невероятные и часто пугающие изменения со своей внешностью, я не обязана за ними повторять, разве нет?

- Ну, и самое главное, чтобы чувствовать себя красивой, нужно ПОСТОЯННО работать над собой. Чем больше усилий ты вложишь в собственную красоту, тем больше ты будешь ценить её. Что с того, что ты родилась красивой? Сумей сохранить этот дар, пронести его через года, подвергнуть влиянию возраста, житейских невзгод и не растерять при этом, умерев такой же красивой, какой появилась на свет.

Немногие женщины могут похвастаться тем, что стали лучше с возрастом. Но это вполне реально.

Правда, придётся каждый день проводить необходимые ритуалы для поддержания собственной красоты вне зависимости от настроения и погоды за окном. И здесь уже всё зависит не от природных данных, а от силы воли и организованности. Тогда по прошествии многих лет не придётся с грустью рассматривать свои фотографии, вспоминая, «какой я была», а можно будет любоваться собой, настоящей.

Быть красивой или стать красивой может каждая из нас, сохранив при этом собственную индивидуальность, «изюминку», которая так ценится представителями противоположного пола. Но, дело даже не в них.

Главное, что красивая женщина делает красивым окружающий мир, радует своих родных и близких. Она уверена в себе, любит себя и готова делиться этой любовью.

Как говорил русский классик: «Красота спасёт мир». Нас много - разных, но в этом и есть главная задумка природы. Показать, насколько разнообразен наш мир: в нём есть место и худым, и толстым, и белокожим, и чернокожим, блондинкам и брюнеткам. Все вместе мы создаём гармонию, каждая привносит что-то от себя. Если вдруг все женщины станут одинаковыми, гармония нарушится. Поэтому так важно в погоне за красотой оставаться собой. Хочешь быть красивой – будь ей. Здесь и сейчас. Всё зависит только от тебя!

www.ingramcontent.com/pod-product-compliance
Lightning Source LLC
Chambersburg PA
CBHW072023280526
45788CB00007B/2642